고종은 강화도 조약으로 일본에 항구를
개방한 뒤 서구 여러 나라들과도 수교를 맺었어요.
또 군대를 변화시키기 위해 신식 군대인
별기군을 조직하기도 했지요.
이런 노력에도 불구하고 결국 외세를 꺾지 못했고,
조선을 강제 합병하려는 일본에 의해 강제로
왕위에서 물러날 수밖에 없었어요.
1910년, 일본은 우리나라를 힘으로 빼앗았어요.

추천 감수 **박현숙**(고대사)

고려대학교 사범대학 역사교육과를 졸업하고 동 대학원에서 문학박사 학위를 받았습니다. 현재 고려대학교 사범대학 역사교육과 교수로 재직 중이며, 백제 문화와 고대 인물사 등에 대한 활발한 연구를 계속하고 있습니다. 쓴 책으로 〈백제의 중앙과 지방〉, 〈한국사의 재조명〉 등이 있습니다.

추천 감수 **정구복**(고려사 · 조선사)

서울대학교 사범대학 역사교육과를 졸업하고 서강대학교에서 문학박사 학위를 받았습니다. 한국학중앙연구원 한국학대학원의 교수로 재직 중이며, 한국학중앙연구원 한국학대학원 원장을 역임하였습니다. 쓴 책으로 〈한국인의 역사 의식〉, 〈역주 삼국사기〉, 〈한국 중세 사학사 1, 2〉 등이 있습니다.

추천 감수 **김한종**(근현대사)

서울대학교 사범대학 역사교육과를 졸업하고 동 대학원에서 역사교육을 전공하여 문학박사 학위를 받았습니다. 현재 한국교원대학교 교수로 재직 중입니다. 쓴 책으로 〈역사 교육 과정과 교과서 연구〉, 〈역사 교육의 내용과 방법〉(공저), 〈한 · 중 · 일 3국의 근대사 인식과 역사 교육〉(공저), 〈역사 교육과 역사 인식〉(공저) 등이 있습니다.

고증 **문중양**(과학사)

서울대학교 계산통계학과를 졸업하고 동 대학원에서 이학박사 학위를 받았습니다. 쓴 책으로 〈우리 역사 과학 기행〉, 〈우리의 과학문화재〉(공저), 〈세종의 국가 경영〉(공저) 등이 있습니다.

고증 **정연식**(생활사 및 복식)

서울대학교 국사학과를 졸업하고 동 대학원에서 문학박사 학위를 받았습니다. 쓴 책으로 〈조선 시대 사람들은 어떻게 살았을까?〉(공저), 〈일상으로 본 조선 시대 이야기 1, 2〉 등이 있습니다.

글 **박영규**

1996년 밀리언셀러 〈한권으로 읽는 조선왕조실록〉을 출간한 이후 〈한권으로 읽는 고려왕조실록〉, 〈한권으로 읽는 백제왕조실록〉, 〈한권으로 읽는 신라왕조실록〉 등 '한권으로 읽는 역사 시리즈' 를 펴내면서 쉽고 재미있는 역사책 읽기의 바람을 일으켰습니다. 그 외에도 〈교양으로 읽는 한국사〉 등의 많은 역사책을 썼습니다.

그림 **심상정**

홍익대학교 미술대학과 동 대학원에서 동양화를 공부했습니다. 15회의 개인전을 열고, 대한민국여성미술대전 대상, 안견미술대전 특선, 대한민국미술대전 특선, 대한민국회화대전 특선을 수상했습니다. 현재 우석대학교에서 학생들을 가르치고 있으며, 그린 책으로 〈나의 꿈, 하늘까지〉, 〈명퇴 시리즈〉, 〈세계 경제를 주무르는 큰손 객가〉 등이 있습니다.

이미지 제공

연합포토, 중앙포토, 국립중앙박물관, 국립부여박물관, 국립경주박물관, 국립민속박물관, 유연태(사진작가), 허용선(사진작가)

광개토 대왕 이야기 한국사 **58** 대한 제국

나라의 문을 닫아걸다

총기획 및 발행인 박연환
발행처 (주)한국헤르만헤세
출판등록 제17-354호
연구개발원 경기도 성남시 분당구 금곡동 444-148
대표전화 (031)715-7722
팩스 (031)786-1100
본사 서울시 송파구 석촌동 7-3
대표전화 (02)470-7722
팩스 (02)470-8338
고객문의 080-715-7722
편집 임미옥, 백영민, 윤현주, 지수진, 최영란
디자인 장월영, 주문배, 김덕준, 김지은

ⓒ Korea Hermannhesse

이 책의 표지는 일반 용지보다 1.5배 이상 고가의 고급 용지인 드라이보드지를 사용해 제작하였습니다. 표지를 드라이보드지로 제작하면 습기의 영향을 덜 받기 때문에 본문 용지가 잘 울지 않고, 모양이 뒤틀리지 않아 책을 오랫동안 보존할 수 있습니다.

이 책은 기존의 석유 잉크 대신 친환경 식물성 원료인 대두유 잉크를 사용하여 인쇄하였습니다. 대두유 잉크는 선진국에서 널리 사용하고 있는 고가의 대체 잉크로, 휘발성이 적어 인쇄 상태의 보존이 용이하고, 인체에 무해할 뿐만 아니라 눈에 부담을 주지 않는 자연스러운 색을 내는 특징이 있습니다.

광개토 대왕 이야기 한국사

58
★ 대한 제국

나라의 문을 닫아걸다

감수 **정구복** | 글 **박영규** | 그림 **심상정**

한국헤르만헤세

물러나는 흥선 대원군

흥선 대원군을 몰아낸 고종

흥선 대원군이 외국을 멀리하는 쇄국 정책을 펴는 동안,
고종도 어느덧 나이가 들어 청년이 되었어요.
'나도 성인이 되었으니 내 뜻대로 나라를 다스리고 싶구나.
이제 아버님이 물러나 주셨으면 좋으련만.'
이런 고종의 마음을 가장 잘 읽고 있던 사람은 바로 고종의 왕비
명성 황후 민씨였어요.
명성 황후 또한 마음대로 나랏일을 처리하는
흥선 대원군을 좋아하지 않았어요.
"폐하, 성인이 되고도 섭정을 받는 왕은 없습니다.
이제 직접 나랏일을 챙기셔야 합니다."
"섣불리 나섰다가는 불효자라는 소리를 들을지도 모르오.
아들이 아버지를 밀어낸다는 것은 보기에도 좋지 않으니 말이오."
명성 황후는 고종을 왕위에 앉힌 조 대비를 찾아갔어요.
"마마, 폐하께서도 이제 어른입니다. 그런데도 대원군이
왕권을 행사하고 있으니, 어쩌면 좋겠습니까?"
"더 이상 두고 볼 수는 없는 일이지요."

조 대비는 흥선 대원군에게 몹시 화가 나 있었어요.
흥선 대원군이 안동 김씨는 물론이고, 자신의 친척인
풍양 조씨까지 조정에서 밀어냈거든요.
"대신들과 유림 세력을 이용합시다."
대원군을 쫓아내겠다는 조 대비의 다짐을 받고 나서
명성 황후는 자신의 오빠인 민승호를 불러들였어요.

7

"오라버니, 흥선 대원군을 물러나게 하려는데

유림을 움직일 적당한 사람이 없을까요?"

"경복궁을 지을 때 상소를 올린 최익현이 어떻겠습니까?

그는 유림을 대표하는 강직한 선비입니다.

최익현을 내세워 유림을 움직이면 대원군을

물러나게 할 수 있을 겁니다."

"그렇다면 최익현을 만나 보세요. 또 시아주버니도 만나세요."

명성 황후가 말한 시아주버니는 고종의 친형인 이재면이에요.

'시아주버니도 아버님의 섭정을 반대하신다고 들었으니

분명히 우리를 도와주실 게야.'

대원군을 몰아내려는 계획이 착착 이루어지고 있었어요.

명성 황후는 최익현을
시켜 대원군의 정치를 비판하는
상소를 올리게 했대.

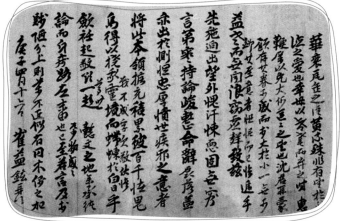

▲ 최익현이 직접 쓴 편지

흥선 대원군은 조정의 일을 자기 마음대로 할 뿐 아니라
조선 유학의 기반인 서원을 없애 유림의 원망이 높습니다.
폐하께서 바로잡아, 나라의 기강을 세우고
왕의 권위를 높이셔야 합니다.

최익현이 대표로 올린 유림의 상소에는
대원군의 정책을 비판하는 내용이 가득 담겨 있었어요.
고종이 직접 나랏일을 봐야 한다는 내용도 담겨 있었지요.
최익현의 상소 소식에 흥선 대원군이 버럭 소리를 질렀어요.
"최익현 그놈이 중전의 지시를 받은 게야!"
흥선 대원군은 고종의 후궁 귀인 이씨의 아들
완화군을 원자로 정해 왕위 계승자로 삼으려다가
명성 황후와 사이가 벌어졌어요.
"제 나이 스물이 갓 넘었습니다.
조금만 기다리면 적자를 볼 수 있을 텐데, 왜
후궁의 소생을 세자로 삼으려 하십니까?"
하지만 흥선 대원군은 하루라도 빨리
후계자를 세워 왕권을 안정시키고 싶었어요.

▲ 명성 황후로 추정되는 사진

"왕실의 안녕을 위해서 세자가 있어야 합니다.
언제까지 기다릴 수만은 없는 일입니다."
이 일로 명성 황후는 흥선 대원군에게 불만을 품게 되었어요.
흥선 대원군 역시 대드는 명성 황후가 괘씸했어요.
"못된 것 같으니! 내가 중전으로 만들어 줬건만,
은혜도 모르고 덤비는구나."
명성 황후를 왕비로 뽑은 건 흥선 대원군이었어요.
풍양 조씨나 안동 김씨 같은 외척들이
세력을 잡고 세도 정치를 일삼는 것을 보았기에
보잘것없는 집안의 여자를 왕비로 들이고 싶었어요.
그래서 선택한 사람이 명성 황후였지요.
최익현이 대원군의 죄를 들추어내는 상소를 올리자,
고종은 신하들을 모아 놓고 이렇게 말했어요.
"이제 조정의 모든 일은 내가 직접
처리할 것이다. 또한 흥선 대원군이
드나들던 대궐의 문을 닫아걸어라."
흥선 대원군은 어떻게든 버텨 보려고 애를
썼지만 눈물을 삼키며 물러날 수밖에
없었답니다.

11

밀려드는 서양 세력들

그 무렵, 황해와 동해로 일본 군함이 들어와 무리한 요구를 했어요.
"조선은 항구를 열고 우리와 무역을 하라. 그러면 물러가겠다."
이렇게 되자, 조정 대신들은 개화파와 수구파로
나뉘어 열띤 토론을 벌였어요.

"지금 조선의 문명은 많이 뒤져 있습니다.
저들은 대포와 총을 사용하는데, 우리는 칼로 싸우고 있습니다.
하루라도 빨리 발전된 문명을 받아들여야 합니다.
그러지 않으면 나라가 더 큰 어려움에 빠질 것입니다."
"외국의 것을 배우려다가 오히려
나라를 빼앗길 것입니다.
저들은 단순히 무역을 하자는
것이 아니고 우리나라를
집어삼키려는 것입니다."

개화파는 서양의 앞선 문물을 받아들여야 한다고 주장했고,

수구파는 외세가 밀려들면 나라가 망할 것이라고 주장했어요.

그 무렵 일본 군함과 조선군은 한바탕 전투를 벌였어요.

하지만 최신 무기를 앞세운 일본군에

제대로 싸워 보지도 못하고 크게 지고 말았어요.

그 상황을 이용해 일본군 스물두 명이 영종도에 침입했어요.

"고작 스무 명밖에 안 되는 일본군에 당한다는 게 말이 되는가!"

일본군이 영종도를 차지했다는 소문이 퍼지자,

의병을 일으켜 일본군을 무찔러야 한다는 소리가 높았어요.

조선의 민심이 들끓자 일본군은 급히 영종도에서 물러났어요.

한편 일본은 강화도 앞바다에
군함 운요호를 띄워 놓고
계속해서 조선 왕실을
협박했어요.
"이대로 가다가는 일본과
전쟁이 터질 것입니다. 우리가
질 것은 불을 보듯 뻔한
일이니 저들의 요구대로
항구를 열어 줍시다."

"저놈들은 지금 우리를 협박하고 있는 것입니다.
저들의 요구를 들어주어서는 안 됩니다."
개화파와 수구파는 팽팽하게 맞섰어요.
그러나 고종과 명성 황후는 개화 쪽으로 기울고 있었지요.
'비록 지금은 일본의 협박 때문에 문을 열지만,
언젠가는 일본을 누를 수 있는 힘을 기를 것이다.'
조선 왕실은 일본과 조약을 맺고
부산, 원산, 제물포 등 세 곳의 항구를 열었어요.
이것이 1876년에 맺은 '강화도 조약'이에요.
"서양의 다른 나라와도 조약을 맺을 것이오.
그리고 이 기회를 통해 서양 문물을 배워 힘을 길러야겠소."
고종은 일본에 신사 유람단을 보내 앞선 문물을
배우도록 했어요.

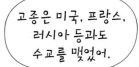

고종은 미국, 프랑스, 러시아 등과도 수교를 맺었어.

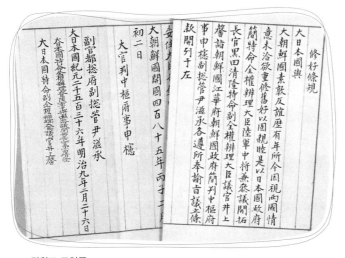

▲ 강화도 조약문

구식 군대의 반란, 임오군란

나라 안팎의 사정이 빠르게 바뀌어 가자
고종은 군대를 현대식으로 바꾸기로 마음먹었어요.
신식 군대인 별기군을 만들고,
일본 교관을 데려와 훈련을 맡겼지요.
그러다 보니 구식 군대인 5군영 소속의 군인들은
언제 쫓겨날지 몰라 불안해했어요.
"나랏돈을 전부 별기군에만 쏟아붓는군."
"이러다가 모두 쫓겨나는 거 아닐까?"
이런 와중에 군인들에게 지급되던 쌀이 13개월이나
밀리는 일이 벌어졌어요.
담당자인 민겸호가 쌀을 빼돌렸다는 소문이 퍼지면서
군인들은 아우성치기 시작했어요.
"가족들이 굶고 있다. 어서 쌀을 내놓아라!"
"쌀을 빼돌린 민겸호는 자기 재산이라도 내놓아라!"
군인들의 불만이 한껏 높아졌을 때 마침내 쌀을
지급하겠다는 소식이 전해졌어요.
하지만 쌀가마니에는 모래와 겨가 섞여 있었고
양도 크게 모자랐어요.
화가 난 군인들은 선혜청으로 달려갔어요.

"모래를 씹어 먹으란 소리요? 제대로 된 쌀을 주시오!"

"배가 불렀구먼. 받기 싫으면 관두게."

군인들의 항의로 선혜청은 아수라장이 되었어요.

민겸호는 군대를 풀어 주동자를 잡아들였어요.

잡혀간 유복만과 김춘영은 심한 고문을 당하였고,

죽임을 당할 위기에 놓였어요.

유복만의 동생과 김춘영의 아버지는 급히 군인들을 불러 모았어요.

"쌀가마니에 모래가 찼는데, 어떤 놈이 순순히 받냐 말이여!"

"이대로 물러서면 앞으로도 똑같은 짓을 할 텐데 참아야 합니까?"

두 사람의 말에 군인들이 한꺼번에 들고일어났어요.

군인들은 곧장 민겸호의 집으로 몰려가 민겸호를 죽였어요.

이 소식을 들은 흥선 대원군은 부하 허욱에게 명령했어요.

"군복을 입고 5군영의 군대를 지휘해라."

구식 군인들은 무기고를 털어 무장하고, 포도청을 공격했어요.

그러고는 유복만과 김춘영 등을 구출해 냈어요.

허욱은 군인들을 부추겼어요.

"모두 개화파와 민씨 일파 때문에 생긴 일이니

이 기회에 놈들을 칩시다!"

군인들은 개화파의 집을 차례로 습격한 뒤에

일본 공관으로 쳐들어갔어요.

겁먹은 일본의 공사는 인천으로 달아나고 말았지요.

허욱은 군인들을 이끌고 명성 황후가 있는 대궐로 몰려갔어요.

하지만 명성 황후는 이미 궁궐을 빠져나간 뒤였어요.

군인들이 궁궐을 손안에 넣자

고종은 흥선 대원군에게 혼란을 바로잡아 달라고 부탁했어요.

흥선 대원군은 나시 정권을 잡게 되있지요.

1882년 6월에 일어난 이 사건이 바로 '임오군란'이에요.

납치되는 대원군과 김옥균의 삼일천하

정권을 잡은 흥선 대원군은 신식 군대를 없애고,
민씨 세력을 몰아냈어요.
흥선 대원군은 군대를 풀어 명성 황후를 잡으려 했지만,
여주에 숨은 명성 황후를 찾아내지 못했어요.
"지금 중전의 장례를 치러야 하오.
그러지 않으면 군인들이 물러나지 않을 것이오."
"시신도 찾지 못했는데 어떻게 장례를 치른단
말입니까?"
"저들을 진정시키려면 가짜로라도 장례를 치러야 하오."
고종은 흥선 대원군의 말에 따를 수밖에 없었어요.
이 무렵, 명성 황후는 고종에게 사람을 보내 자신이 살아
있다는 사실을 알리고, 청나라에도 도움을 구했어요.
"이 기회에 조선을 차지해 버려야겠군.
그러면 일본의 침략을 막을 수가 있어."
청나라 황제는 군사 3,000명을 조선에 보냈어요.
군대를 이끌고 인천에 도착한 위안스카이와 오장경이
군함으로 흥선 대원군을 초대했어요.
흥선 대원군이 군함에 들어오면 붙잡아 청나라로
끌고 갈 속셈이었지요.

이를 눈치채지 못한 흥선 대원군이 군함으로 들어서자
위안스카이와 오장경은 대원군을 사로잡아 청나라로
보내 버렸어요. 명성 황후는 다시 궁궐로 돌아왔지요.
"내가 살려고 청나라 군대를 끌어들였지만,
저놈들이 쉽사리 물러나지 않을 것 같아 걱정이구나."
명성 황후의 걱정대로 조선은 청나라의 지배 아래
놓이게 되었어요.

이제는
청나라까지
날뛰고 있으니
큰일이다.

대감, 어쩌다
이렇게 되셨소?

21

1882년 8월, 위안스카이는 조선과 외교 협정을 맺고,

그 협정서에 조선이 청나라의 속국이라는 구절을 넣었어요.

"자, 이제 이 내용을 숭례문에 붙이도록 하라."

그 시간, 청나라 장수 오장경은 고종을 협박하고 있었어요.

"이제 외교에 관한 모든 일은 청나라에 물으시오."

고종은 분했지만 어쩔 도리가 없었어요.

한편 김옥균과 박영효 등의 개화당은

청나라 군대를 내쫓고 정권을 잡을 계획을 짜고 있었어요.

1884년, 청나라와 프랑스의 전쟁에서 청이 졌다는 소식을 들은

개화당은 바로 정변을 일으키기로 했어요.

"정변일은 12월 4일로 정합시다."

12월 4일에는 우정국 개국 축하 잔치가 열릴 예정이었어요.

우정국은 새로 지은 근대식 우체국이지요.

"일본 대사관에서 군대를 보내 주기로 했습니다.

정변일에 150명의 군사가 올 것입니다."

"돈을 빌려 주겠다는 약속도 받았습니다."

개화당은 잔치가 한창일 때 근처에 불을 질러

그 틈에 폭탄을 터뜨려 반대파를 없애려고 했지요.

하지만 그 계획은 실패하고 말았어요.

개화당은 곧장 창덕궁으로 가서 거짓 보고를 올렸어요.

"대신들과 청나라군이 난을 일으켰습니다."

그러고는 고종과 명성 황후를
경우궁으로 모셔 갔어요.
수구파 대신들은 경우궁으로
불려 외 죽임을 당했지요.
이로써 개화당은 권력을 잡는
데 성공했어요.

▲ 갑신정변이 일어났던 우정국

"이제 각 나라의 외교관을 초청하여
새 정부가 들어섰다고 알리면 혁명은 성공한 것입니다."
개화당의 정변 소식을 들은 위안스카이는 몹시 당황했어요.
그는 심상훈을 개화당 편인 것처럼 꾸며 궁궐로 들여보내
명성 황후를 만나게 했어요.
"경우궁은 좁아서 적은 병력으로도 수비가 가능합니다.
그러니 마마께서는 창덕궁으로 가자고 주장하십시오."
명성 황후는 바로 고종에게 갔어요.
"개화당의 횡포를 벗어나려면 창덕궁으로 가야 합니다.
창덕궁은 규모가 크니 자기들 마음대로 못 할 것입니다."
명성 황후의 말이 옳다고 판단한 고종은 김옥균을 불렀어요.
"아무래도 창덕궁으로 가야겠네."
"창덕궁으로 돌아가면 폐하를 지키기 힘듭니다.
굳이 옮기려거든 옆에 있는 계동궁으로 가옵소서."
명성 황후 역시 고집을 꺾지 않았어요.

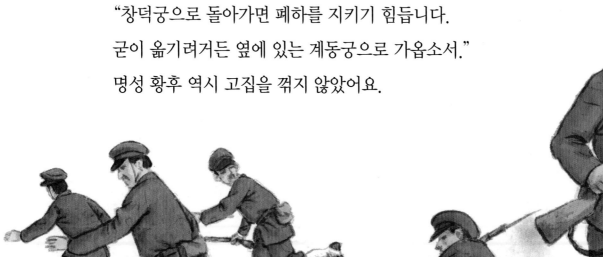

"정 그렇다면 혼자서라도 창덕궁으로 돌아가겠어요."

"마마, 안 됩니다. 그곳에서는 저희가 지켜 드릴 수 없습니다."

이때 일본 외교관 다케조가 끼어들었어요.

"일본의 신식 군대 150명이면 청군 1,500명을 상대할 수 있습니다."

개화당은 마지못해 창덕궁으로 옮겼어요.

개화당이 창덕궁으로 갔다는 소식이 전해지자,

위안스카이는 자신만만한 미소를 띠며 말했어요.

"우리 청군이 출동하면 너희들은 독 안에 든 쥐다."

12월 6일, 청나라군 1,500명이 창덕궁으로 들어갔어요.

개화당 군대는 순식간에 무너졌고,

일본군은 싸우지도 않고 도망쳐 버렸어요.

이렇게 하여 개화당이 일으킨 갑신정변은 3일 만에 막을 내렸어요.
정변을 이끌었던 김옥균, 박영효, 서광범, 서재필, 변수 등은
일본으로 도망가고 홍영식, 박영교 등은 죽임을 당했어요.
개화당은 갑신정변을 통해 다음과 같은 목표를 이루고자 했어요.

첫째, 신분의 차별을 없애고 능력 있는 사람을 관리로 뽑는다.
둘째, 청나라를 모시는 관습을 없앤다.
셋째, 못된 관리들을 처벌한다.

하지만 백성들의 지지를 받지는 못했어요.
그것은 개화 세력 몇 명이 반대 세력을 빨리 몰아내려고 일을 너무
서둘러 벌였기 때문이에요. 또 일본군의 힘을 빌리려고 한 것도
문제였어요. 백성의 지지를 얻지 못한 개혁은 성공하기
힘들다는 것을 잘 보여 준 사건이었어요.

이들은 무능과
혼란에 빠진 조정을
다시 일으켜
세우려고 했어.

▲ 갑신정변의 주역들

'녹두 장군' 전봉준과 동학 농민 운동

갑신정변의 실패로 많은 인재가 죽임을 당했어요.

'이제 누구와 함께 이 나라의 미래를 이끌어 간단 말인가?'

고종이 슬퍼하고 있을 때, 청나라에 끌려갔던 흥선 대원군이

돌아왔어요.

이것은 1885년의 일이에요.

그런 상황에서 명성 황후는 새로운 강자로 떠오르고 있는

러시아에 의지하여 조선을 지킬 계획을 세웠어요.

"일본도 청나라도 조선 땅을 삼키려 하고 있다.

그러니 러시아를 끌어들여 놈들을 막아야 한다."

1886년, 명성 황후는 고종을 움직여 러시아와 조약을 맺었어요.

전봉준은 키가 작아 '녹두'라는 별명을 갖고 있었대.

▲ 전봉준과 동학 농민군

이 무렵 최제우가 만민이 모두 평등하다는 인내천 사상을 앞세워
동학을 창시했어요.
최제우에 이어 최시형이 제2대 교주가 되면서 동학교도가 전국적으로
크게 늘어났고, 수많은 농민들이 동학 이념을 배웠어요.
그런 가운데 1892년, 고부 군수 조병갑이 백성들에게 무거운 세금을
물리고 제멋대로 재물을 빼앗아 가는 일이 벌어졌어요.
조병갑의 횡포가 점점 심해지자 전창혁이라는 사람이
대표로 관아에 탄원서를 냈어요.

한 해 동안 농사지은 곡식을 모두 세금으로 내야 하니
이는 죽으라는 말입니다. 세금을 줄여 백성을 살려 주십시오.

그러자 조병갑은 전창혁을 잡아들여 심한 매질을 했어요.
조병갑의 횡포는 여기서 그치지 않았어요.
"나 조병갑을 있게 한 위대한 아버님을 위해 비석을 세울 것이니,
고을 주민들은 천 냥을 걷어 바치도록 하라."
"더 이상 참을 수 없다. 우리 동학교도가 일어나
다시는 탐관오리가 설치지 못하는 세상을 만들사."
1894년, 전창혁의 아들인 전봉준은 1,000여 명의 농민군을 모아
조병갑이 있는 고부 관아로 쳐들어갔어요.

하지만 조병갑은 전주로 달아나 버린 뒤였어요.

고부에서 농민들이 들고일어났다는 소식을 들은 고종은

조병갑을 잡아들이고, 박원명과 이용태를 고부로 내려보냈어요.

그런데 이용태는 동학교도를 안정시키기는커녕 오히려 억눌렀어요.

그때 농민군을 이끌고 백산에 진을 치고 있던

전봉준은 그 소식을 듣고 사발통문을 돌려 농민들을 모았어요.

이때 모인 농민군은 1만 명이 넘었어요.

"이 땅에서 일본군을 몰아내고, 자주 국가를 건설하여

모든 백성이 평등하게 사는 세상을 만듭시다."

농민군은 그해 4월 4일, 부안을 점령하고 정읍, 흥덕, 고창을 거쳐

전주성까지 점령하였어요. 관군의 힘으로 동학군을 막지 못하자,

사발통문은
사발 모양으로 돌려 가면서
이름을 적어 누가 중요
인물인지 알 수 없어.

▲ 전봉준이 돌린 사발통문

조정에서는 청나라 군대를 다시 불러들였어요.

'우리 때문에 외세를 끌어들이는 게 말이 되는가?

잘못하면 우리가 나라를 망쳤다는 소리를 듣게 될 것이다.'

전봉준은 관군과 타협하였어요.

"전라도 지역은 동학군이 집강소를 설치하여 다스릴 것이오.

이를 보장한다면 싸움을 멈추겠소."

관군은 전봉준의 제의를 받아들였어요.

그 결과 53개 군에 집강소가 설치되고, 전주 감영에는

대도소가 설치되었어요.

하지만 동학군의 자치 행정은 오래가지 못했어요.

▲ 청·일 전쟁 후 시모노세키 조약을 체결하는 모습을 그린 기록화

청·일 전쟁에서 일본이
승리하면서 청나라 군대가
조선에서 물러갔어.

1894년에 일어난 청·일 전쟁이 일본의 승리로 끝나자,
전봉준과 동학교도들은 일본의 손아귀에서 나라를 구하기
위해 다시 봉기를 일으켰어요.
이때 참가한 농민군의 수는 무려 20만 명이었어요.
하지만 농민군은 신식 무기를 갖춘 일본군을 이길 수 없었어요.
그해 11월, 농민군은 우금치 전투에서 크게 졌고, 전봉준이
붙잡혀 죽임을 당하면서 뿔뿔이 흩어지고 말았답니다.

을미사변과 의병 활동

동학이 무너지자 일본 공사 미우라는 고종을 협박하기 시작했어요.
"이제 조선은 일본의 보호를 받아야만 살 수 있소.
그러니 나랏일은 반드시 일본의 허락을 받도록 하시오."
명성 황후는 러시아를 끌어들여 일본을 누르려고 했어요.
"폐하, 러시아를 우리의 방패막이로 삼아야 합니다."
명성 황후의 이런 계획을 알아차린 미우라는
명성 황후를 죽여 시신을 불태우는 일을 저질렀어요.
이것이 바로 '을미사변'이에요.
명성 황후가 일본인들 손에 죽었다는 소문이 퍼지자
전국 각지에서 의병이 들고일어났어요.

"감히 우리의 국모를 죽였단 말이냐!
일본 놈들이 정말 하늘 무서운 줄 모르는구나.
우리가 일어나 그들을 벌할 것이다."
고종은 마음속으로 의병을 지지했지만
일본의 눈치를 보느라 관군을 보내
의병을 누를 수밖에 없었어요.
의병들은 관군에 맞서 치열한 전투를
벌였어요.
의병에 참여하는 백성들이 점점
늘어나고, 저항이 거세어지자
일본은 매우 당황하였어요.
"더 많은 군사를 보내라.
어떻게든 저들을 눌러야 한다."
일본은 각지로 군대를 보내
의병을 막으려 했지만
쉽지 않은 일이었어요.

33

나라의 주권을 빼앗긴 을사조약

'이렇게 있다가는 일본 놈들 손에 내 목도 달아나겠구나.'

이렇게 생각한 고종은 러시아 영사관으로 몸을 피했어요.

이 사건을 '아관파천'이라고 해요.

미우라는 몹시 당황했어요.

'이렇게 되면 러시아가 조선을 쥐고 흔들게 되는 게 아닌가.'

미우라의 걱정대로 조선 조정은 러시아에게 의지해야 한다고 주장하는

친러파들로 채워졌어요.

고종은 1년 넘게 러시아 대사관에서 지내다가 1897년 2월에 궁궐로

돌아왔어요. 그리고 이때 국호를 대한 제국으로 바꾸고, 왕이라는

명칭도 황제로 바꾸었어요. 그러나 1904년, 일본과 러시아 사이에

내 삶이 고단하구나….

폐하, 우선 옥체를 보전하시 옵소서.

러·일 전쟁이 일어났는데
고종의 기대와는 달리 일본이
이기고 말았어요.

'이제 이 나라는 일본에
먹히는 일만 남은 것인가!'

아니나 다를까. 일본은 고종을
협박하여 1905년에
'을사조약'을 맺었어요.

고종은 미국 외교관인 헐버트에게 몰래 편지를 보냈어요.

'을사조약은 강제로 이루어진 것이니 무효로 만들어 주시오.'

하지만 고종의 뜻은 이뤄지지 않았어요.

당시 두 나라는 협정을 맺어 필리핀은 미국이 갖고, 조선은 일본이

갖기로 미리 약속되어 있던 거예요.

고종은 1907년 6월, 네덜란드 헤이그에서 열리는

제2차 만국 평화 회의에 이준과 이상설을 특사로 보냈어요.

러시아의 니콜라이 2세에게도 대한 제국의 특사를 지원해 달라는

내용의 편지를 보냈어요.

그러나 이준과 이상설은 뜻을 이루지 못했어요.

영국과 일본이 외교 활동을 방해했거든요.

"특사를 파견하는 것은 조약을 위반하는 일입니다."

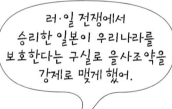

러·일 전쟁에서
승리한 일본이 우리나라를
보호한다는 구실로 을사조약을
강제로 맺게 했어.

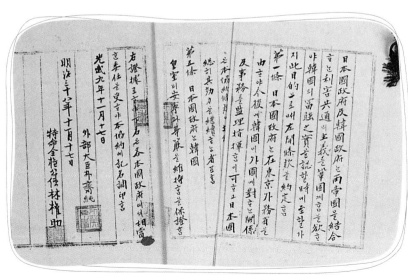

▲ 을사조약 문서

일본은 헤이그에 밀사를 파견한 책임을 물어 1907년 7월,
고종을 물러나게 하였어요.

1910년, 마침내 일본은 대한 제국을 무력으로 합병하였지요.
왕위에서 물러난 고종은 조선이 일본의 식민지가 되는 것을
지켜보다가 1919년 죽음을 맞이했어요. 그런데 고종이 일본에
독살당했다는 소문 속에 치러진 장례식은 3·1 운동이 일어나게
된 하나의 계기가 되었어요.

1919년 3월 1일, 고종의 장례식 때문에 모인 사람들이
너도 나도 앞다투어 만세를 부르기 시작했어요.

이것이 온 국민이 대한 독립 만세를 외친 3·1 운동이에요.
한양에서 시작된 만세 행렬은 점점 지방으로 퍼져 나갔어요.

"모두 모여 만세를 부릅시다. 일본에게 우리의 뜻을 보여 줍시다."

만세 운동을 이끈 사람 중에는 유관순도 있었어요.
이화 학당의 학생이던 유관순은 만세 운동으로
학교가 문을 닫자, 고향인 천안으로 내려가
만세 운동을 일으키기 위해 바쁘게 움직였어요.

천안에서 만세 운동은 성공하였지만 유관순은
일본군에 끌려가 고문을 당한 끝에 19세의 나이로
세상을 떠나고 말았어요.

백성들은 이렇게 조선의 꺼져 가는 불씨를

살려 보려고 애를 썼지만,
조선은 빠르게 일본의 식민지로
변해 가고 있었어요.

만세!

대한 독립 만세!

자주 독립에 앞장선 독립 협회

동학 농민 운동이 끝난 뒤 사람들은 신분 차별이 없는
평등한 사회를 꿈꾸게 되었어요.
이들은 '자주 국권, 자유 민권, 자강 개혁'을 내세우며
민주주의·민족주의 운동을 펼쳐 나갔어요.
이 운동의 중심에는 서재필이 만든 독립 협회가 있었어요.
서재필은 갑신정변에도 참여했다가 일이 실패하자 미국으로
건너갔어요. 그는 미국에서 보고 배운 자유주의와 민주주의를
조선에 알리고 싶었어요.
'사람들이 민주주의 사상을 이해하게 되면,
왕조가 아닌 자주 독립 국가를 세울 수 있을 거야.'
서재필은 독립신문을 발행하여 민주주의와 자주 독립 사상을 알리고자
했어요. 독립신문이 자리를 잡자 독립 협회를 세웠어요.
독립 협회의 중심 인물에는 윤치호, 이상재 등이 있었어요.
그들은 토론회와 강연회를 열어 사람들을 일깨웠어요.
"이제는 왕 혼자 나라를 이끌 수 없는 시대입니다.
세계적인 흐름에 맞춰 민주주의를 이뤄야 합니다."
독립 협회는 대신들을 내쫓고 새 정부를 꾸릴 준비를 하였어요.
그리고 만민 공동회를 열었지요.
독립 협회의 힘이 커지자 조정의 대신들은 두려워졌어요.

그들은 고종을 움직여 독립 협회의 간부 17명을 붙잡았어요.
독립 협회가 무너지자, 만민 공동회는 독립 협회 간부들을 풀어 주고
수구 세력이 조직한 황국 협회를 없앨 것을 주장했어요.
조정은 독립 협회 간부들은 풀어 주었지만 다른 요구는 받아들이지
않았어요. 만민 공동회와 황국 협회가 계속 으르렁거리자 고종은
독립 협회를 없애 버렸어요. 이로써 민권 운동을 이끌어 나갔던
독립 협회는 역사 속으로 사라지게 되었답니다.

조선의 마지막 왕, 순종

조선 침략의 원흉, 이토는 내 총을 받아라!

망국의 허수아비 왕

1907년 헤이그 밀사 사건으로 고종이 물러나자,

고종의 맏아들인 순종이 황제에 올랐어요.

그러나 순종은 아무런 힘이 없었어요.

순종이 왕위에 오른 뒤, 일본은 정미 7조약을

강제로 맺게 했어요.

이로써 일본은 대한 제국의 나랏일을

자기 멋대로 간섭할 수 있게 되었지요.

중요한 자리에는 모두 일본 사람을 앉혔어요.

"황제, 우리 일본이 대한 제국을 지켜 줄 것이오.

그러니 군대를 해산하시오."

이렇게 하여 대한 제국의 군대마저 없어졌어요.

쫓겨난 군인들은 일본군에 맞서 싸웠지만

일본군의 신식 무기 앞에 무너지고 말았지요.

1909년 7월, 일본은 조선 합병을 선언하고

순종을 황제의 자리에서 물러나게 하였어요.

일본은 조선 합병 전에 러시아와 만주 문제를 의논해야 했어요.

이를 위해 일본인 총독 이토 히로부미가 만주로 건너갔어요.

이때 이토 히로부미를 총으로 쏘아 죽인 사람이 안중근이에요.

하지만 조선과 일본의 합병을 막을 수는 없었어요.

"조선인들이 너무도 원하여 조선을 지켜 주기 위해 우리 대일본은

조선과 일본을 하나로 합병한다!"

1910년 8월 29일, 일제는 친일 세력이 만든 일진회를 앞세워

조선을 일본에 합병해 버렸어요.

이로써 519년 동안 이어져 내려온 조선의 역사가 막을 내렸어요.

이것이 어디에 쓰는 물건인고 ?

19세기 말, 우리나라에 본격적으로 신식 물건들이 들어왔어요. 일본에 항구를 열고, 서양 여러 나라와 외교 관계를 맺음으로써 서양 물건들이 쏟아져 들어왔지요. 전깃불을 비롯해 커피와 설탕, 전화기, 축음기 외에 전차와 자동차가 서울 거리를 달리게 되었어요.

❀ 궁궐을 밝힌 전깃불

우리나라에서 처음으로 전깃불이 켜진 곳은 경복궁에 있는 건청궁이에요. 1887년 고종의 요청으로 미국의 에디슨 전기 회사 기술자가 향원정 연못의 물과 석탄으로 발전기를 돌려 점등식을 가졌어요. 에디슨이 백열등을 발명한 지 8년째 되는 해였어요. 발전기 돌아가는 소리가 너무 커서 천둥이 치는 줄 알았대요.

▲ 전깃불을 밝히기 위해 발전기를 설치했던 향원정 연못

❀ 처음으로 커피를 마신 고종

고종 임금과 명성 황후는 서양의 문물에 관심이 많았어요. 명성 황후는 외국 대사들을 맞을 때 의자에 앉았고, 포도주 향을 좋아했대요. 고종은 우리나라에서 처음으로 커피를 맛본 사람이에요. 덕수궁의 정관헌에서 커피를 즐겨 마셨다고 해요.

▲ 고종이 커피를 즐겨 마셨던 덕수궁 정관헌

▲ 대한 제국의 마지막 황제인 순종(왼쪽)과 고종

❀ 전화기로 삼년상을 치른 순종

구한말 사람들을 놀라게 한 대표적인 물건이 전화기였어요. 기계에서 상대방의 목소리가 들렸기 때문에 전화기 안에 사람이 들어 있다고 생각했어요.

1919년 고종이 죽자 순종은 삼 년 동안 아침마다 아버지의 능으로 전화를 걸었어요. 궁궐의 전화를 고종과 명성 황후가 묻힌 홍릉으로 연결하여 능지기가 수화기를 무덤에 대면 슬프게 곡을 했다고 해요.

✿ 시민들의 발이 된 전차

우리나라에 전기로 달리는 전차가 처음 등장한 것은 1899년 5월이에요. 조선 황실에서 사업비를 대고 한성 전기 회사가 공사를 맡았어요. 5월 4일에 동대문과 흥화문 구간에서 시험 운행을 한 다음 20일에 시민들을 태우기 시작했어요.

정거장이 따로 없었기 때문에 사람들은 길에 서 있다가 손을 번쩍 들어 전차를 세웠어요. 요금은 상등칸이 3전 5푼, 하등칸은 1전 5푼, 5세 이하 어린이는 무료였어요. 운행한 지 6일 만에 어린이가 치여 죽

는 사고가 일어나자 시민들이 들고일어나 일본인 운전수와 차장을 때리고 전차를 불태워 버렸어요. 이 사건으로 석 달 동안 전차가 다니지 못했어요. 이런 많은 사건을 겪은 끝에 전차는 서울의 명물로 자리 잡아 1968년까지 70년 가까이 운행되었어요.

한국사 돋보기 〈노다지〉가 〈영어〉라고?

손쉽게 많은 돈을 벌 수 있는 일을 '노다지'라고 해요. 요즘 유행하는 '대박'과 같은 의미이지요. 순수한 우리말 같지만 사실은 'No touch.(만지지 마시오.)'라는 영어에서 나온 말이랍니다. 조선 시대 말에 우리나라의 광산 채굴권이 외국인에게 많이 넘어갔어요. 그래서 광산 경영자는 외국인이고, 우리나라 사람들은 노동자로 일을 했지요.

금과 은을 캐서 담아 둔 상자를 우리나라 사람들이 만지면 외국인들이 놀라서 "노터치."라고 외쳤어요. 사람들은 그 말이 금이나 은을 뜻하는 줄 알고 '노다지'라고 부르게 되었어요. 금과 은은 매우 귀하기 때문에 노다지는 큰 이익이나 횡재를 뜻하기도 하지요.

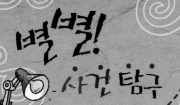

열강에 이권을 빼앗기다

세상이 빠르게 바뀌던 19세기 후반, 조선은 쇄국 정책을 펴는 바람에 근대화가 늦어졌어요. 외국의 강요에 못 이겨 나라 문을 열자, 일본, 청, 러시아, 미국 등이 이권을 챙기려고 달려들어 광산 개발, 벌목, 철도 건설 등 여러 가지 사업권을 가져갔어요.

❋ 여러 나라의 간섭을 받다

열강들은 우리나라에서 돈이 될 만한 이권을 앞다투어 가져갔어요. 현대식 무기를 앞세워 나라의 문을 열라고 위협하자 그들의 요구를 받아들일 수밖에 없었지요. 명성 황후 시해 사건으로 고종이 러시아 공사관으로 옮겨 간 '아관파천' 이후에 열강들의 이권 챙기기가 본격적으로 이루어졌어요.

❋ 경제 자립을 위한 노력

우리나라 정부는 외국에 이권을 빼앗긴 가운데서도 경제적 독립을 위해 여러 가지 노력을 기울였어요.
전환국을 세워 화폐 제도를 개혁하고, 근대적인 기업과 중앙은행의 설립을 추진했어요. 하지만 일본의 식민 지배로 이런 노력은 물거품이 되었답니다.

▲ 구한말, 우리나라에 와 있었던 여러 나라의 외교관들

❋ 어떤 나라가 어떤 이권을 가져갔을까?

- **러시아** : 함경북도 경원과 종성의 광산 채굴권, 압록강 유역과 울릉도의 삼림 벌목권
- **미 국** : 경인선 철도 부설권, 평안북도 운산의 금광 채굴권, 서울 시내 전차 부설권
- **일 본** : 경부선 철도 부설권
- **영 국** : 평안남도 은산의 금광 채굴권
- **프랑스** : 경의선 철도 부설권

한눈에 보는 연표

우리나라 역사 / 세계 역사

최제우, 동학 창시 ➡ **1860** ⬅ 베이징 조약

고종 즉위 ➡ **1863** ⬅ 링컨, 노예 해방 선언
병인박해, 병인양요 ➡ **1866**
1868 ⬅ 일본, 메이지 유신
신미양요 ➡ **1871** ⬅ 독일 통일
강화도 조약 맺음 ➡ **1876**

▲ 흑인 노예를 해방시킨 링컨

갑신정변이 일어났던 우정국

1884년에 김옥균, 박영효, 홍영식 등 개화당 사람들이 우정국 개국 축하연을 이용하여 갑신정변을 일으켜 정권을 잡았어요.

근대적인 우편 업무를 위해 지은 건물이야.

1880

임오군란 ➡ **1882**
갑신정변 ➡ **1884** ⬅ 청·프랑스 전쟁(~1885)
동학 농민 운동 ➡ **1894** ⬅ 청·일 전쟁(~1895)
을미사변 ➡ **1895**
아관파천 ➡ **1896** ⬅ 제1회 올림픽 개최
대한 제국 성립 ➡ **1897**
1898 ⬅ 퀴리 부부, 라듐 발견
경인선 개통 ➡ **1899** ⬅ 청, 의화단 운동 시작

퀴리 부부

프랑스의 화학자인 퀴리 부부는 방사성 화학 원소인 라듐을 발견하여 노벨 물리학상을 받았어요.

1900

한·일 의정서 맺음 ➡ **1904** ⬅ 러·일 전쟁(~1905)
을사조약 ➡ **1905** ⬅ 러시아, 피의 일요일 사건
헤이그에 특사 보냄 ➡ **1907**
순종 즉위

국권을 빼앗김 ➡ **1910**
대한 광복군 정부 수립 ➡ **1914** ⬅ 제1차 세계 대전(~1918)
고종 죽음 ➡ **1919** ⬅ 베르사유 조약
3·1 운동
대한민국 임시 정부 수립

1920 ⬅ 국제 연맹 성립

고종이 파견한 헤이그 특사

퀴리 부인은 노벨상을 두 번이나 받았대.